BEI GRIN MACHT SICH IHR WISSEN BEZAHLT

- Wir veröffentlichen Ihre Hausarbeit, Bachelor- und Masterarbeit

- Ihr eigenes eBook und Buch - weltweit in allen wichtigen Shops

- Verdienen Sie an jedem Verkauf

Jetzt bei www.GRIN.com hochladen und kostenlos publizieren

Jonathan Kern

Die letzten Jahre der DDR: Vom Besuch Erich Honeckers in der BRD im September 1987 bis zum Fall der Berliner Mauer am 9. November 1989

GRIN Verlag

Bibliografische Information der Deutschen Nationalbibliothek:

Die Deutsche Bibliothek verzeichnet diese Publikation in der Deutschen National-
bibliografie; detaillierte bibliografische Daten sind im Internet über http://dnb.d-
nb.de/ abrufbar.

Impressum:

Copyright © 2001 GRIN Verlag GmbH
Druck und Bindung: Books on Demand GmbH, Norderstedt Germany
ISBN: 978-3-656-30072-4

Dieses Buch bei GRIN:

http://www.grin.com/de/e-book/20164/die-letzten-jahre-der-ddr-vom-besuch-erich-
honeckers-in-der-brd-im-september

Thema der Hausarbeit:

Die letzten Jahre der DDR (1985 – 1990)

Teil II: Vom Besuch Erich Honeckers in der BRD im *September 1987* bis zum Fall der Berliner Mauer am *9. November 1989*

Jonathan Kern

Juli 2001

Inhalt der Hausarbeit:

1. Vorwort

In meiner Hausarbeit zum Thema Die letzten Jahre der DDR – 1985 - 1990 möchte ich im Besonderen auf die letzten 2 Jahre der Deutschen Demokratischen Republik, von 1987 - 1989 eingehen. Beginnend beim Besuch des vorletzten Generalsekretärs der SED, Erich Honecker, in der BRD, werde ich versuchen die Ereignisse in der DDR bis zum Fall der Berliner Mauer am 9. November 1989, nachzuzeichnen.

Als wichtigen Aspekt für die Entwicklung der DDR, werde ich auf die deutsch-deutschen Beziehungen in dieser Zeit, und im Besonderen auf den Besuch Honeckers in Bonn, eingehen.

Ebenso werde ich die Reaktion und Haltung der SED–Führung auf den Reformkurs des damaligen sowjetischen KPdSU-Generalsekretärs Michail Gorbatschows zu beleuchten versuchen. Die politische und ideologische Abspaltung von der sowjetischen Linie stellt einen besonders bedeutungsvollen Faktor in der Entwicklung der DDR dar.

Im weiteren Verlauf möchte ich auf die als Antwort auf die ständige Unterdrückung sich immer stärker entwickelnde Opposition und den Widerstand in der DDR, der sich in Massendemonstrationen äußerte, eingehen. Hierbei werde ich, vor allem auf die größte Protestaktion in der Geschichte der DDR am 4. November 1989 auf dem Alexanderplatz in Ost-Berlin, die Reaktionen darauf und deren Auswirkungen bis zum Fall des „Antifaschistischen Schutzwalls" am 9. November 1989 eingehen.

Als letzten Teil dieser Arbeit, möchte ich näher beschreiben, wie ein durch Soldaten, das Wachregiment Dziersynski und nicht zuletzt durch das Terrorsystem der Staatssicherheit so stark gesichertes System implodieren konnte.

2. Die Deutsch - deutschen Beziehungen

„Eine völkerrechtliche Anerkennung der DDR durch die Bundesregierung kann nicht in Betracht kommen. Auch wenn zwei Staaten in Deutschland existieren, sind sie doch füreinander nicht Ausland; ihre Beziehungen zueinander können nur von besonderer Art sein". In diesem Auszug aus der Regierungserklärung von Willy Brandt vom 28. Oktober 1969 kommt zum Ausdruck, dass sich diese und nachfolgende Bundesregierung ihrer Verantwortung, die Einheit der deutschen Nation zu erhalten, wohl bewusst waren. Diese Aussage hatte, trotz der höchst unterschiedlichen und gegensätzlichen Staats- und Gesellschaftsformen der beiden deutschen Staaten und die daraus resultierende Abgrenzung voneinander, bis zum Ende der DDR ihre Gültigkeit behalten (vgl. Weidenfeld / Korte , 453).

Die vielfältigen innerdeutsche Beziehungen, sei es durch Städtepartnerschaften, Sportveranstaltungen, Kulturbeziehungen und nicht zuletzt den Interzonenhandel, haben eine Grundlage für die spätere Wiedervereinigung des deutschen Volkes geschaffen.

2.1 Der Besuch Honeckers in Bonn

In den letzen Jahren der DDR veränderten sich die deutsch-deutschen Beziehungen, durch das Zusammentreffen von den Bundeskanzlern der BRD (Schmidt und Kohl) und DDR-Staatschef Erich Honecker positiv (vgl. Judt 1997 , 506). Ihr Höhepunkt war der Besuch Honeckers in Bonn. Nachdem der Besuch des damaligen Generalsekretärs der SED, Erich Honecker, mehrfach verschoben wurde, fand er vom 7. - 11. September in der damaligen Hauptstadt der Bundesrepublik Deutschland statt; es war erste und einzige Besuch eines DDR-Staatsoberhauptes in Bonn überhaupt (vgl. Weidenfeld / Korte 1999, 22).

Bei dem Besuch wurden die bestehenden Widersprüche zwischen Kohl und Honecker deutlich. Der damalige Bundeskanzler der BRD, Helmut Kohl, erklärte, dass die Präambel des Grundgesetzes der BRD nicht zur Disposition stehe, weil diese seiner Überzeugung entspreche. Das Grundgesetz der BRD wolle das vereinte Europa, und fordere das gesamte deutsche Volk auf, in freier Selbstbestimmung die Einheit und Freiheit zu vollenden (vgl. Weber 2000, 342). Die bestehenden Grenzen, wolle man achten, die Teilung jedoch überwinden, erklärte Kohl. Honecker jedoch betonte „die Existenz von zwei unabhängigen souveränen deutschen Staaten mit unterschiedlicher sozialer Ordnung und Bündniszugehörigkeit" (Weber 2000, 343).

Das Ergebnis wurde folgendermaßen definiert. Kohl und Honecker stimmten darin überein, dass sowohl die BRD als auch die DDR besondere Anstrengungen für das friedliche Zusammenleben in Europa unternehmen müsse. Neue Kriege in Europa müssten verhindert und die Friedensbewegung vorangetrieben werden. Das Verhältnis zwischen den beiden deutschen Staaten, müsse trotz prinzipieller

Gegensätze ein „stabilisierender Faktor für die Ost-West-Beziehungen" und Europa bleiben (Weber 2000, 343).

Die SED-Führung versprach sich von dem Treffen Honeckers mit Kohl mehr Stabilität innerhalb der DDR. Der Ansicht einiger greiser und die Realität stark verzerrt wahrnehmenden Politbüro-Mitglieder, der Staatsbesuch im Westen belege die Stärke und Stabilität des Regime, stand der großen Enttäuschung seitens der Bevölkerung entgegen. Die hohen Erwartungen der DDR-Bürger, bezüglich besserer Reisemöglichkeiten und Handelsaustausch, wurden einmal mehr nicht erfüllt (vgl. Weber 2000, 343).

Als Fazit könnte man sagen, dass die SED-Führung in doppeltem Sinne erfolglos war. Obwohl die Begegnung der beiden deutschen Staatschefs weltweit als Erfolg für die SED gewertet wurde (vgl. Weidenfeld / Korte 1999, 63), hatte die DDR durch den Staatsbesuchs Honeckers in der BRD lediglich eine kurzfristige Stabilität erreicht und ausserdem zog sie sich wieder einmal den Unmut der enttäuschten Bevölkerung zu. Folge dieser Unzufriedenheit war ein steiler Anstieg der Reisenden aus der DDR auf eine Gesamtzahl von 5 Millionen im Jahre 1987 (vgl. Weber 2000, 343).

2.2 Beratungen zwischen SPD und SED

In dem gemeinsamen Papier „Der Streit der Ideologien und die gemeinsame Sicherheit", das Ergebnis von Beratungen zwischen SPD und SED war, respektierte die SED, zumindest verbal, den „Sozialdemokratismus" als Partner bei den „Bemühungen zur Friedenssicherung" (Weber 2000, 343).

Der Sowjetunion sollte der Wille zur Zusammenarbeit mit dem Westen signalisiert werden. Die Wirkungen der Thesen lauteten wie folgt: „Die offene Diskussion über den Wettbewerb der Systeme, ihre Erfolge und Misserfolge, Vorzüge und Nachteile muss innerhalb jedes Systems möglich sein" (Weber 2000, 344).

Kontroverse Diskussionen wurden jedoch wiederum unterbunden, Regimekritiker kompromisslos wie zuvor entweder ausgewiesen oder verhaftet. Ausgewiesen wurden vorzugsweise solche Kritiker, die einen gewissen Einflussbereich hatten oder eine bekannte Persönlichkeit waren und vermutlich nicht mehr „zur Vernunft" zu bringen waren. Hingegen wurde der „kleine Mann" eher verhaftet und seine „politische Diversion" zu begradigen versucht.

Somit war die Idee einer möglichen Wiedervereinigung wieder in weite Ferne gerückt, da Honecker eine solche kategorisch ablehnte, mit der Begründung, „eine Vereinigung von Sozialismus und Kapitalismus" sei „ebenso wenig unmöglich wie die von Feuer und Wasser" (Weber 2000, 344).

Wegen wichtiger wirtschaftlichen Transferleistungen war die SED dennoch danach bestrebt, die deutsch-deutschen Beziehungen insgesamt nicht negativ zu belasten. Schließlich brachten Besucher aus dem Westen, der Interzonenhandel und Transitgebühren der Bundesregierung Devisen ein.

3. Die Haltung der SED zum Reformkurs Gorbatschows

Mit der Wahl Michail Gorbatschows zum Generalsekretär der KPdSU im März 1985, kamen in der Sowjetunion auch die Bestrebungen Staat und Gesellschaft zu reformieren. „Perestrojka" (= Reformen) und „Glasnost" (= Offenheit) waren die neuen Schlagworte und ersetzten die Breschnew-Doktrin. Diese Maßnahme ebnete den Weg zur Erneuerung Osteuropas, da die UdSSR die Eigenständigkeit aller Staaten außerhalb der UdSSR achten und „in keinem Falle militärisch eingreifen" (BpB 1991, 41). Polen und Ungarn waren die ersten der ehemaligen Satelliten - Staaten, die politische Reformen einleiteten.

Die SED jedoch lehnte den Reformkurs strikt ab, schließlich waren Erneuerungen und Veränderungen auf Grund des „hohen Entwicklungsstandes der DDR" (BpB 1991, 41) nicht nötig. Nachdem man noch kurz zuvor mit allen Mitteln versucht hat, dem sowjetische System nachzueifern, schließlich hieß „von der Sowjetunion lernen siegen lernen" (Weber 2000, 248), „stütze man sich ganz plötzlich auf die von der Sowjetunion proklamierte Selbständigkeit aller Staaten, die nicht der UdSSR angehörten. Selbst vor dümmlichen Vergleichen machte man nicht halt. So verglich Chef-Ideologe und Mitglied des Politbüros Kurt Hager die „Perestrojka mit dem Tapezieren einer Wohnung" (Weber 2000, 337) und fragte rhetorisch „ob man seine Wohnung ebenfalls neu tapezieren müsse, wenn der Nachbar dies tue" (Neues Deutschland, Nr. 85 vom 10.4.1987, zit. nach Weber 2000, 337).

Die Abweichung von der sowjetischen Linie führte soweit, dass die vorher zur propagandistischen Zwecken eingesetzten sowjetischen Filme sowie die

Monatszeitschrift „Sputnik" am 20. November 1988 erstmalig verboten wurde (vgl. BpB 1991, 41).

4. Unterdrückung und Widerstand

Die Stabilität in der DDR verstärkte sich jedoch nicht wie erhofft. Im Gegenteil, immer mehr Menschen wollten die DDR verlassen. Dies geht aus Statistiken des *Handbuchs zur deutschen Einheit 1949-1989-1999* hervor. Nach dem Inkrafttreten der deutlich liberaleren Reiseverordnung vom 30. November 1988 stellten in einem Zeitraum von nur neun Monaten (von Anfang Januar bis Ende September 1989) insgesamt 160 785 Menschen den Antrag auf die Auswanderung aus der DDR (vgl. Weidenfelder / Korte 1999, 22). Im Vergleich dazu waren es in einem Zeitraum von insgesamt 12 Jahren (von Anfang 1972 bis Ende 1988) 193 009 Antragsteller, also nur ca. 32 000 mehr Menschen (vgl. Weidenfelder / Korte 1999, 23). Allein im April 1988 wurden 112 000 Anträge auf Übersiedlung in die BRD gestellt. Unter den Bewerbern waren vor allem Facharbeiter und die sogenannte Intelligenz womit Personen mit abgeschlossener Hoch- und Fachschulausbildung gemeint waren.

Vor allem junge Menschen zeigten immer wieder Anzeichen, dass es eine Opposition in der DDR gab. Bei der Demonstration zum Gedenken des Jahrestages der Ermordung Rosa Luxemburgs und Karl Liebknechts, kam es zu einer der größten Massenverhaftungen der vergangenen Jahre. Am Rande einer offiziellen Kundgebung hatten junge Oppositionelle versucht, Transparente mit der Losung „Freiheit ist immer die Freiheit des Andersdenkenden" mitführen. Die Stasi reagierte darauf mit Festnahmen. Einige der Protestierenden durften jedoch die DDR verlassen, während andere bleiben wollten und die Staatssicherheit mit dieser Art von Protest überraschten. Auch hierbei zeigt sich deutlich, was mir viele DDR-Bürger unabhängig voneinander immer wieder berichteten; viele Bürger, vor allem junge Oppositionelle, wollten nicht in den Westen, sondern waren fast bis zum Zusammenbruch der DDR davon überzeugt, die DDR sei zu verändern.

Als Antwort darauf, reagierte die „vergreiste DDR-Führung" (Weber 2000, 346) mit einem massiven Ausbau der Überwachung und des Terrors, durch die Staatssicherheit. Die Kompetenzen des MfS (Ministerium für Staatssicherheit) wurden erweitert und vor allem die Anzahl der sogenannten IM (Inoffizieller

Mitarbeiter) stark vergrößert. So war die Staatssicherheit praktisch allgegenwärtig, selbst bei Treffen des Kaninchenzüchter-Vereins, privaten Treffen oder bei sonstigen völlig unbedeutenden Veranstaltungen, die Spitzel der Staatssicherheit waren überall. „Inzwischen ist bekannt, dass das MfS am Ende der DDR ... 91 000 hauptamtliche und 173 000 Inoffizielle Mitarbeiter hatte...", die von insgesamt vier Millionen DDR-Bürgern Aktenvorgänge anlegten (Weber 2000, 346).

Der Missmut der Bevölkerung und die Bestrebungen, die DDR zu verlassen, verstärkte sich auch durch die Kommunalwahlen am 7. Mai 1989. Diese Wahlen waren die letzten, die nach dem Muster der Einheitslisten stattfanden. Schon im Vorfeld entließ die DDR-Regierung oppositionelle Bürger aus der Staatsbürgerschaft, um die oppositionell Bewegung zu stoppen (vgl. Weber 2000, 346). Dennoch beteiligten sich verschiedene Oppositionsgruppen an den Auszählungen und stellten massive Fälschungen fest. Diese hatte es freilich schon immer gegeben, doch hatten sich Bürger vorher nie kritisch an den Auszählungen beteiligt (BpB 1991, 42).

Die enttäuschende Wahrheit über die über Jahre hinweg betriebene Wahlfälschung, und die Tatsache, dass es gar nie wirkliche Wahlen in der DDR gegeben hatte, trieb nun eine große Zahl der DDR-Bürger auf die Strasse. In Leipzig und anderen Orten kam es zu Protestaktionen der Bevölkerung und es gab eine Welle von Strafanzeigen wegen Manipulation und Wahlfälschung (vgl. Weber 2000, 347). Ergebnis waren wiederum Verhaftungen von Regimekritikern und Bürgerrechtlern, die sogenannte Eingaben, was in der DDR-Terminologie soviel bedeutete, wie Beschwerdebriefe, überbringen wollten.

5. Politische Opposition organisiert sich

Nachdem Bürger in großer Eigeninitiative immer wieder Widerstand leisteten, konnte man schon ab Ende 1987 von der Existenz einer organisierten Opposition sprechen (vgl. Weidenfeld/Korte 1999, 172). Der Gründungsaufruf für das Neue Forum wurde zwar erst Anfang September 1989 von mehreren hundert Personen namentlich unterzeichnet (vgl. Rein 1989, 13) doch die Kirche, die über weite Strecken größte legale oppositionelle Kraft in der DDR, schaltete sich schon früher ein, als sie auf der Synode des Kirchenbundes am 20. September 1988 in Dessau den „Beschluss zu Fragen des innergesellschaftlichen Dialogs" fasst (Rein 1989, 202). Die

Forderungen nach Reisefreiheit für alle Bürger, mehr Freiheit des Individuums und im Besonderen der Jugendlichen werden hier niedergeschrieben. Auf der Bundessynode der BEK (Bund der Evangelischen Kirchen in der DDR) vom 15. – 19. September 1989 in Eisenach wurden dann schon umfassende Reformen und offen die Demokratisierung gefordert (vgl. Judt 1997, 574). Die evangelische Kirchenleitung verlangte u.a. die offene Auseinandersetzung mit gesellschaftlichen Problemen, „verantwortliche, pluralistische Medienpolitik", „demokratische Parteienvielfalt", „Reisefreiheit für alle Bürger", „wirtschaftliche Reformen" und die „Möglichkeit friedlicher Demonstrationen" (Rein 1989, 216).

Die Kirche hatte in den Oppositionsbewegungen von Anfang an die entscheidende Funktion, da unter ihrem Dach der Widerstand verschiedener Oppositionsgruppen begonnen hatte. In einer Phase von Ende Juli 1989 bis September 1989 bildeten sich außer des Neuen Forums auch Initiativen zur Schaffung des Demokratischen Aufbruchs sowie von Demokratie jetzt. Die Bildung der Oppositionsgruppen ging mit dem zunehmenden Zerfall des DDR-Regimes einher (Weber 2000, 350). Je mehr die SED-Führung von der Spitze her Zerfallserscheinungen zeigte, desto stärker bündelten sich die oppositionelle Kräfte. Die Regimekritiker forderten den „demokratischen Dialog" und mahnte die Staatsführung über Aufgaben des Rechtsstaats, der Wirtschaft und Kultur an (Weber 2000, 350). Freilich wurde das Neue Forum als staatsfeindlich bezeichnet und wurde verboten. Dennoch wuchs der Zulauf dieser oppositionellen Gruppe, was sie schnell zur „stärksten Oppositionsbewegung" in der DDR werden ließ (vgl. Weber 2000, 350). Innerhalb weniger Wochen trugen Aufrufe des Neuen Forums, die nach der ungarischen Grenzöffnung veröffentlicht wurden, mehr 200 000 Unterschriften von DDR-Bürgern (vgl. Weidenfeld/ Korte 1999, 23).

Die SED-Führung erachtete es jedoch selbst zu diesem Zeitpunkt nicht für nötig, mit der Bevölkerung, von der inzwischen ein beträchtlicher Teil die Flucht ergriffen hatte, in Dialog zu treten.

Als Höhepunkt der politischen Oppositionsbewegung wurde dann ironischerweise am 7. Oktober 1989, dem 40. Jahrestag der DDR-Verfassung, die SDP (Sozialdemokratische Partei) gegründet. Die SDP macht der SED als erste politische Kraft deren Macht- und Führungsanspruch streitig, indem sie eine konsequente

Demokratisierung, d.h. vor allem eine strikte Gewaltenteilung, einen Rechtsstaat, soziale und ökologische Marktwirtschaft und parlamentarische Demokratie forderte (vgl. Weidenfeld/Korte 1999, 173).

6. Anfänge des Zusammenbruchs der SED-Herrschaft

Der Kollaps der SED-Diktatur wurde am 2. Mai 1989, als ungarische Grenzsoldaten erste Löcher in den Grenzzaun zu Österreich schnitten, eingeleitet (vgl. BpB 1991, 40). Erstmals machten viele DDR-Bürger von ihrem Recht auf Freizügigkeit und Selbstbestimmung Gebrauch. Viele planten die Flucht über die ungarische Grenze nach Österreich und von dort in die Bundesrepublik.

In der Folgezeit stieg die Zahl von DDR-Bürgern, die sich in den Bonner Botschaften in Budapest, Ostberlin, Prag und Warschau flüchten. Schon bald waren die Vertretungen total überfüllt, woraufhin Bonn seine Missionen in Ostberlin, Budapest und Prag schließen musste (vgl. BpB 1991, 40).

Ohne Absprache mit der DDR-Regierung öffnet Ungarn am 11. September 1989 um Mitternacht seine Grenzen für die DDR-Flüchtlinge. Bestimmungen des bilateralen Abkommens mit der DDR hatten die bisher verhindert (vgl. Weidenfeld/Korte 1999, 23). Die Folge begann eine Massenflucht von Zehntausenden über Österreich und Ungarn (vgl. BpB 1991, 40). Angesichts der 25 000 Übersiedler in die BRD zeichnete sich ein baldiger Zusammenbruch des DDR-Regimes ab (vgl. Weber 2000, 348).

Die SED-Führung reagierte mit Hetzartikeln gegen Ungarn und die Absperrung der DDR Grenzen, was die Bevölkerung wiederum auf die Strasse trieb.

Sogar innerhalb der SED gab es jetzt Tendenzen zur Opposition. Das Massaker auf dem Platz des Himmlischen Friedens in Peking, wo eine friedliche, demokratische Protestaktion vom chinesischen Militär blutig niedergeschlagen wurde, wurde von Margot Honecker, der Volksbildungsministerin, und dem SED-Blatt „Neues Deutschland" beschönigt und als „notwendige und richtige Maßnahme der Staatsmacht" gerechtfertigt (Wolle 1998, 309). Auch die Aufarbeitung der Verbrechen Stalins wurde strikt abgelehnt, vielmehr wurde an den Legenden des Kommunismus festgehalten. Noch immer sprach man vom Geiste Stalins und, dass der Sozialismus von der Jugend „wenn nötig mit der Waffe in der Hand" verteidigt werden müsse (Deutsche Lehrerzeitung, 2. Juni-Ausgabe 1989, zit. nach: Weber 2000, 348).

Trotz der sich zuspitzenden Lage in der DDR und dem bevorstehenden Kollaps des Regimes, versäumte es die Regierung auf Probleme zu reagieren. Anstatt der bestehenden katastrophalen wirtschaftlichen und gesellschaftlichen Krise entgegenzuwirken, wurde die Realität weiterhin konsequent ignoriert und geleugnet. Dieses Wahrnehmungs- und Reaktionsdefizit belegen Aussagen wie „Im Grunde genommen ist der Lebensstandard in der DDR höher" als in der BRD (Neues Deutschland, Nr. 285 vom 2.12. 1988, zit. nach: Weber 2000, 336), von Erich Honecker, welcher der hoffnungslosen Lage mit seinem fast schon legendären, an Lächerlichkeit kaum zu überbietenden Reim, „den Sozialismus in seinem Lauf hält weder Ochs noch Esel auf", noch die Krone aufsetzte (Neues Deutschland, Nr. 191 vom 15.8. 1989, zit. nach: Weber 2000, 348).

Immer wieder wird die Ignoranz der SED-Führung auf das wirtschaftliche Zurückbleiben der DDR deutlich. Doch je krasser dies zutage trat, desto lauter wurden Lobeshymnen Erich Honeckers auf die eigene Person. Schließlich sei seit seinem Amtsantritt die „Volkswirtschaft umgestaltet auf Intensivierung" (Weber 1988, 104). Angesichts dieser Zerfallserscheinungen des überalterten Politbüros spricht man heute von eine Zusammenbruch von der Spitze her (vgl. Weber 2000, 349).

7. Die friedliche Revolution

Der wirtschaftliche Zerfall wurde zum Ende hin immer deutlicher. Inzwischen ist bekannt, dass ohne die beiden milliardenschwere Kredite, vermittelt von Franz-Josef Strauss, dem damaligen CSU-Vorsitzenden, die DDR-(Miss-)Wirtschaft schon viel früher zu Grunde gegangen wäre und dies auch politisch eine erhebliche Destabilisierung bedeutet hätte (vgl. Weidenfeld/Korte 1999, 22).

Die Versorgung verschlechterte sich auf Grund der Ausreisewelle in sämtlichen Bereichen. So belief sich beispielsweise die „Wartezeit auf den vielbespöttelten und legendären Trabi" bis zum Ende der DDR auf 12 Jahre (Weber 2000, 352).

Obwohl aus den Sekretariaten des ZK der SED Analysen und Übersichten über die tatsächliche, katastrophale Wirtschaftslage vorlagen, wurden diese von Honecker ignoriert und unter Verschluss gehalten (vgl. zur Mühlen 2000, 192). Trotzdem waren gerade für die einfachen Bürger diese Zustände offensichtlich, da sie die

Folgen als Verbraucher vor allem im Warenangebot, im Bereich des Wohnungswesens, in den mangelhaften Leistungen von Post, Bahn und Reparaturwerkstätten unmittelbar spürten (vgl. zur Mühlen 2000, 192).

Im September der Jahres 1989 begannen in Leipzig die sogenannten Montagsdemonstrationen, deren Teilnehmerzahl bei jeder der friedlichen Protestveranstaltung anstieg. Am 4. September 1989 findet in Leipzig die erste der in den folgenden Wochen sich wiederholenden Montagsdemonstration statt. Es beteiligen sich ca. 1200 Menschen, von denen ein Grossteil den Antrag auf Ausreise stellt (vgl. Judt 1997, 574).

Am 2. Oktober demonstrierten im Rahmen der Leipziger Montagsdemonstration etwa 15 000 laut Webers *Geschichte der DDR* 20 000 Menschen. Es wurden Rufe wie „Wir bleiben hier" laut (Judt 1997, 575). Damit wollten die Teilnehmer ihre Bestrebung, in der DDR bleiben zu wollen um sie zu reformieren, zum Ausdruck bringen. Auch hier zeigte sich, dass eine Vielzahl der DDR Bürger nicht unbedingt ständig ausreisen, sondern vielmehr bleiben wollten, um Veränderungen im System der DDR bewirken.

Am 30. September 1989 verkündet Bundesaußenminister Genscher in Prag den Flüchtlingen die bevorstehende Ausreise in den Westen. Mit Sonderzügen der DDR-Reichsbahn fahren rund 5500 (7600 laut Weber 2000, 352) Bürger der DDR aus Prag und etwa 800 aus Warschau über DDR-Gebiet in die BRD (vgl. BpB 1991, 40).

Auf dem Dresdner Bahnhof kam es dann wenige Tage später zu Auseinandersetzungen zwischen der Polizei und 2000 (3000 laut Weber 2000, 353) DDR-Bürgern, die auf diese Flüchtlingszüge aufspringen wollten (vgl. BpB 1991, 40).

Trotz des Einschreitens der Polizei und den gewalttätigen Auseinandersetzungen erfuhren die oppositionellen Bürgerbewegungen einen Aufschwung. Im Rahmen des „Runden Tisches", dem oppositionelle Vereinigungen wie die Initiative Frieden und Menschenrechte, das Neue Forum, Demokratie jetzt, Demokratischer Aufbruch, die Sozialdemokratische Partei, die grüne Partei, sowie die Vereinigte Linke angehörten, forderten nun offen freie Wahlen in der DDR unter UN-Kontrolle und die Abschaffung der SED-Diktatur.

Zu diesem Zeitpunkt konnten jedoch weder die immer stärker werdenden Protestaktionen der Bevölkerung, noch die offensichtlich ansteigende Ausreisewelle die DDR-Führung zu Reaktionen veranlassen. Das MfS hatte immer wieder warnende Berichte über die anwachsende Ausreisewelle sowie die Zunahme von Parteiaustritten abgeliefert und „schon" am 31. August 1989 stellte der später als personifizierte Staatssicherheit bezeichnete Minister für Staatssicherheit, Erich Mielke, eine „miese Stimmung" innerhalb der Parteiorganisation fest (Weber 2000, 353).

Trotz der offensichtlichen Erosion des SED Regimes fanden am 7. Oktober 1989 Feierlichkeiten zum 40. Jahrestag der DDR statt. Die Feierlichkeiten zu 40 Jahren SED Diktatur wurden gar noch mit einem Fackelmarsch der FDJ und einer Militärparade gefeiert. Diese Art der Propaganda wirkte fast schon ironisch, da die SED die Entwicklung zu diesem Zeitpunkt nicht mehr unter Kontrolle hatte. Während die SED-Mitglieder in ihrem damals als Prunkstück gepriesenen, mit Asbest verseuchten, Palast der Republik feierten, wurden die Protestaktionen stetig stärker, und nach der SPD und dem Neuen Forum konstituierte sich Anfang Oktober auch der „Demokratische Aufbruch" (vgl. BpB 1991, 43). Auch die Bundesrepublik verstärkte ihre Forderungen nach einer Demokratisierung von Politik und Gesellschaft in der DDR. In mehreren Städten der DDR gehen Polizei und MfS Kräfte gegen Demonstranten vor. Der sowjetische Staatschef Gorbatschow, prominenter Gast der Feierlichkeiten am „Tag der Republik", forderte die DDR zu grundlegenden Reformen auf.

Während des 40jährigen Staatsjubiläums demonstrieren Zehntausende DDR-Bürger für eine demokratische Erneuerung des Sozialismus und werden vor allem in Ost-Berlin von der Polizei – nachdem sich Gorbatschow samt Delegation auf den Weg zum Flughafen gemacht hatte (vgl. Wolle 1998, 322) - niedergeknüppelt (BpB 1991, 40). Doch auch darauf hatte das SED-Blatt *Neues Deutschland* eine passende Antwort. So hiess es lapidar, dass die „Störungen der Volksfeste" durch „Randalierer", bestenfalls ein „volkspolizeiliches, keineswegs jedoch ein Problem der gesamten DDR-Gesellschaft" seien (Weidenfeld/Korte 1999, 24). Mit unglaublicher Dreistigkeit wurde für alle Offensichtliches schlicht geleugnet.

Immer Menschen beteiligten sich an den zahlreichen Demonstrationen in Leipzig und anderen Orten. Bei der friedlichen Montagsdemonstration in Leipzig am 9. Oktober 1989 „befanden sich 70 000 Menschen auf den Strassen" (Weber 2000, 353).

Eine Woche später, am 16. Oktober 1989, waren es sogar 120 000 Personen, die in Leipzig demonstrierten (vgl. Weber 2000, 353). Inzwischen war die ganze Welt auf die Ereignisse in der DDR aufmerksam geworden, sodass die DDR-Führung nur begrenzt, und vor allem nicht mit Gewalt, eingreifen konnte.

8. Das Ende der „Ära Honecker"

Nach anhaltenden Massenprotesten sah sich das Politbüro gezwungen auf den gewaltigen Druck zu reagieren und im Glauben mit dieser Maßnahme allein die „Wende" einleiten zu können, beschlossen Honeckers Ziehsohn Egon Krenz, Günther Schabowski, Willy Stoph, Harry Tisch u.a. noch vor einer Routinesitzung die Absetzung Erich Honeckers von seinem Posten als SED-Chef (vgl. Weber 2000, 353). Mit Honecker mussten auch sein „kongenialer Partner" (eigene Anmerkung) Günther Mittag sowie Joachim Herrmann aus der Parteiführung ausscheiden (Weidenfeld/Korte 1999, 161).

Die hinterhältige Art der Absetzung Honeckers war wieder einmal bezeichnend für die Verfahrensweise innerhalb der SED. Laut der Erklärung des Politbüros wurde Erich Honecker am 18. Oktober 1989 „auf eigenen Wunsch" (Weber 2000, 354) von allen Ämtern entbunden. In Wirklichkeit hatte man hinter seinem Rücken seine Absetzung besprochen. Einmal mehr zeigte sich deutlich wie die SED-Diktatur auf Verlogenheit und Scheinheiligkeit basierte und sich dieser unmenschliche Umgang miteinander, wie ein roter Faden bis in die Parteispitze durchzog und so das gesamte Regime zu Grunde richtete.

Egon Krenz wurde als Nachfolger Honeckers vom ZK zum neuen Generalsekretär berufen. In einer Fernsehansprache versuchte er das Vertrauen der DDR-Bürger zu gewinnen. Nach seiner Amtsübernahme prägte Krenz der Begriff der „Wende". Er sah es „als seine Aufgabe an, den Sozialismus in der DDR unter Führung der DDR demokratisch zu erneuern" (BpB 1991, 43). Dennoch war von der Wiedervereinigung noch keine Rede. Krenz lehnte im Gespräch mit Bundeskanzler Kohl am 26. Oktober 1989 die Überwindung der Teilung Deutschlands ab und auch die Einführung einer parlamentarischen Demokratie war nicht geplant (vgl. Weber 2000, 355). Das „Thema Wiedervereinigung" stand auch bei seinem Treffen mit Gorbatschow nicht auf der Tagesordnung (vgl. Weber 2000, 355).

In den folgenden Wochen spitzte sich die Lage dramatisch zu. Die Ereignisse überschlugen sich, fast täglich gab es neue überraschende Meldungen. Trotz seiner Ankündigungen , die „Wende" zu bewerkstelligen, wurde er von der Bevölkerung abgelehnt. Der immer heftigere Protest der Bevölkerung, der sich in den Massendemonstrationen äußerte, war u.a. auch gegen Krenz gerichtet. Am 23. Oktober 1989 auf der traditionellen Leipziger Massendemonstration forderten schon 300 000 Menschen den Umbruch. Es wurden Rufe wie „Wir sind das Volk" laut; ein unverkennbares Zeichen dafür, dass eine Volksherrschaft, eine Demokratie, gefordert wurde (BpB 1991, 40).

Ein weiteres Indiz für Krenz' fehlende Zustimmung innerhalb der Partei, waren die drastisch sinkenden Mitgliederzahlen in der SED. Innerhalb weniger Monate schrumpfte die Zahl der Parteimitglieder von 2,3 Millionen auf 600 000. Die Folge war der Rücktritt mehrerer Parteifunktionäre, die dem Druck standhalten konnten. Die Rücktrittswelle setzt sich fort und gipfelte im Rücktritt des gesamten Ministerrates unter Führung von Ministerpräsident Willy Stoph am 7. November 1989 sowie dem geschlossenen Rücktritts des alten Politbüros (vgl. BpB 1991, 43). Krenz war nach nur 3 Wochen wieder gestürzt. Eine „Wende", wie sie von Krenz propagiert wurde, war nicht mehr möglich. Vielmehr forderte die Bevölkerung eine radikale Veränderung, wie sie mit der größten Demonstration in der DDR-Geschichte am 4. November auf dem Alexanderplatz in Ost-Berlin zum Ausdruck kam.

9. Die Massendemonstration auf dem Alexanderplatz

Am 4. November 1989 fand auf dem Alexanderplatz in Ost-Berlin die größte Demonstration in der Geschichte der DDR statt. Mehr als eine Million DDR-Bürger demonstrieren in Ost-Berlin für radikale Veränderungen und forderten freie Wahlen, Presse-, Reise-, Meinungs- und Versammlungsfreiheit. Diese Massendemonstration hatte eine tiefgreifende Wirkung bis hinein in die Spitze der SED. Das Politbüro wurde drastisch verkleinert, Spitzenfunktionäre wie Hermann Axen, Sekretär des ZK für Internationalen Verbindungen (vgl. Judt 1997, 604), der Chef-Ideologe Kurt Hager, der seit über 30 Jahren als Minister für das MfS tätige Erich Mielke, Horst

Sindermann, Präsident der Volkskammer und Willi Stoph, dem Vorsitzenden des Ministerrates, „mussten ausscheiden" (Weber 2000, 355 und vgl. Judt 1997, 622).

Mit den vorhergehenden und vor allem dieser Massendemonstration hatte das Volk „erstmals in der Geschichte der DDR mit Erfolg und auf Dauer in die Geschicke des Staates eingegriffen und unumkehrbare Verhältnisse geschaffen" (zur Mühlen 2000, 251). Endlich widersetzte sich die Bevölkerung der bis dato rigoros durchgesetzten Herrschaftstechniken der Staatsführung und sorgte dafür, dass die revolutionären Tendenzen nicht mehr von der SED gesteuert werden konnten und letztlich eine „nicht mehr zu widerrufende Durchlässigkeit der Grenzen" zur Folge hatte (Zzur Mühlen 2000, 251).

Bei der Demonstration vom 4. November 1989 war nicht die Kirche das alleinige Dach der Protestierenden, sondern auch die „kritischen Intellektuellen" der SED, die teilweise noch an eine erneuerbare DDR glaubten, gehörten ihr an (Wolle 1998, 325).

10. Der Fall der Berliner Mauer am 9. November 1989

Am Abend des 9. November 1989 kündigt der erste Sekretär der SED-Bezirksleitung Berlin und Mitglied des Politbüros, Günter Schabowski auf einer Pressekonferenz die volle Reisefreiheit für alle Bürger der DDR an. Ein für die Entwicklung in der DDR folgenschweres Missverständnis, ein „historischer Irrtum" (Hertle 1996, 203), hatte den Dammbruch ausgelöst. Schabowski, der ausländischen Reportern Rede und Antwort stand, bis dahin ein Novum in der DDR, hatte die Information kurz bevor er „rüber kam ... in die Hand gedrückt" bekommen (Wolle 1998, 326) und wegen des Durcheinanders seiner Zettel, den Zeitpunkt für die Inkraftsetzung des Beschlusses fehlinterpretiert (vgl. Hertle 1996, 203). Somit war klar, dass Günter Schabowski dadurch vom Politbüro zum „Buhmann" auserkoren wurde.

Als Reaktion auf diese sensationelle Meldung pilgerten ganze Scharen, getreu dem Motto „mal gucken was los ist" (Wolle 1998, 326) zu den Grenzübergängen. Bereits in der Nacht passieren erste Ost-Berliner die Grenze nach West-Berlin und feiern gemeinsam bis zum frühen Morgen. Der Abbau der Mauer hatte bereits begonnen und wurde am Morgen des 10. November 1989 durch Grenzsoldaten fortgesetzt. Das jahrelange Symbol für die Unterdrückung war gefallen und sollte nun zum Symbol der Befreiung und des Friedens werden. Ganze 28 Jahre nach dem Mauerbau öffnet die DDR ihre Grenzen nach West-Berlin und zur Bundesrepublik Deutschland. Voraussetzung für den Fall der Mauer und diesen Dammbruch war der Verzicht der Sowjetunion, „sie mit militärischer Gewalt wieder zu errichten" (Weber 2000, 356). Das Nicht-Eingreifen entzog der DDR ihre Existenzgrundlage und so war der Weg für die Wiedervereinigung geebnet. Millionen von DDR-Bürgern konnten die Grenze und die verdutzten Grenzpolizisten passieren und West-Berlin besuchen. Das Erkennen des starken Gefälles des Lebensstandards im Westen begrub die Hoffnung vieler DDR-Bürger, die DDR sei zu reformieren (vgl. Weber 2000, 356).

11. Gründe für das Implodieren des SED Regimes

Wie konnte es trotz dem scheinbar allgegenwärtigen Terror der Staatssicherheit, den schwer bewaffneten Soldaten der NVA und der dem Chef des MfS, Erich Mielke, direkt unterstellten Elite- Einheit „Wachregiment Feliks Dziersynski" zu einem Fall des Regimes kommen? Diese wohl berechtigte Frage scheint bis heute für Politikwissenschaftler interessant zu sein.

Die Gründe für die Implosion der SED-Diktatur sind sehr vielfältig. Generell sind als Ursachen für den Untergang des DDR-Regimes 1989 sowohl sogenannte „Strukturdefekte" als auch internationale Ereignisse zu nennen (vgl. Weber 1999, 112). Hinzu kommen die Veränderungen innerhalb der Gesellschaft, die von der Entziehung vieler Grundrechte, den Terrormethoden der Staatssicherheit, der ständigen Entmündigung und Einschränkung der persönlichen Freiheit lapidar gesagt, die „Schnauze voll" hatte.

Zudem hemmte das aufoktroyierte, stalinistische System nötige Innovationen in Wirtschaft, Technik und Wissenschaft (vgl. Weber 1999, 112). Doch abgesehen von Systemfehlern, war sicherlich auch die Unfähigkeit der SED-Führungen entscheidend. Keiner der SED-Diktatoren, weder Walter Ulbricht noch Erich Honecker, schaffte es, in den Dialog mit der Bevölkerung in der DDR zu treten oder gar einen Konsens zwischen den Vorstellungen der Regierung und den Bedürfnissen der Bevölkerung zu schaffen. Der Widerspruch zwischen Theorie und Praxis, zwischen ideologischem Anspruch und der Wirklichkeit, traten gegen Ende der sozialistischen Diktatur so krass zutage, dass es einen radikalen Umbruch geben musste.

Neben den inneren Strukturproblemen kommen als ebenso wichtige Faktoren, die zum Kollaps des SED-Regimes beitrugen, die äußeren Einflüsse hinzu. Erst internationale Ereignisse, allen voran denen in der UdSSR, lösten den Dammbruch in der DDR aus. Die Ironie des Geschichtsverlaufes wollte es dann so, dass die Öffnung der Grenzen zu West-Berlin, die der SED-Herrschaft den „Gnadenstoß" (Wolle 1998, 326) versetzte, auf einem Missverständnis basierte und in dieser Form nie hätte geschehen dürfen.

Die Reformen in der UdSSR, die durch die wirtschaftliche Unterlegenheit der kommunistischen Staaten in Europa unabdingbar waren, und kurz zuvor auch die Demokratisierung in Polen sowie in Ungarn verstärkten den inneren Druck in der DDR und hatten auch wesentliche Auswirkungen auf die SED selbst. Gorbatschows Politik war ausschlaggebend dafür, dass in Ungarn ein Reformkurs eingeschlagen werden konnte. Die Öffnung der Grenzen durch das demokratisierte Ungarn wiederum ermöglichte erst den Ausreisestrom Millionen von DDR-Bürgern, und damit die Einleitung des Zusammenbruchs der SED-Herrschaft.

Für mich persönlich ist immer wieder erstaunlich, dass es trotz der schwer bewaffneten NVA, der Polizei und nicht zuletzt der Staatssicherheit zu einer friedlichen Revolution kommen konnte. Während der gesamten SED-Diktatur wurde mit allen der zur Verfügung stehenden Mitteln, sei es Terror durch die Stasi und staatliche Gewalt durch die Volkspolizei und nicht zuletzt durch russisches Militär, eine Revolution, ja selbst kleinste Anfänge einer solchen, verhindert. Entscheidende Faktoren hierbei waren wohl die meist äußerst friedlich und diszipliniert demonstrierende Bevölkerung und insbesondere die vernünftige Haltung der sowjetischen Staatsführung und vor allem ein Verdienst Michail Gorbatschows, der auf gewaltsame Interventionen durch das Militär verzichtete. Allerdings darf nicht vergessen werden, dass inzwischen die ganze Welt auf die Situation in der DDR aufmerksam geworden war und sich eine militärisch Intervention seitens der Sowjetunion fatal hätte auswirken können.

Nachdem ich im oberen Teil auf Strukturprobleme innerhalb der DDR und auf die Auswirkungen der internationalen Ereignisse eingegangen bin, möchte ich als letzten

Aspekt, die für viele Menschen, Regimekritiker sowie den sogenannten „Otto-Normalverbraucher", unerträgliche gesellschaftliche Situation beleuchten.

Schon kurze Zeit nach dem Zusammenbruch des Dritten Reiches, folgte eine weitere Diktatur. Innerhalb kurzer Zeit wurde wieder ein Staatssystem errichtet, in dem Individualismus, persönliche Entfaltung nicht möglich, ja sogar verboten und verfolgt wurde. In einem Regime, das auf Untertanengeist, der von der Basis bis in die Parteispitze hinein existierte, Verlogenheit, Entmündigung der Bürger, Scheinheiligkeit und Willkür der politischen Führung, Überwachung, Einschüchterung und Terror gegen Kritiker durch die Stasi, basierte, war es nur eine Frage der Zeit, bis die Bevölkerung für Veränderungen zusammenstehen musste. Die Terrormethoden der allgegenwärtigen Staatssicherheit schufen eine Atmosphäre der Angst innerhalb der Bevölkerung. Neben fehlender Meinungs-, Versammlungs- und Pressefreiheit wurden sogar die für Menschen essentiellen persönlichen Kontakte systematisch zerstört. Selbst, oder eher schon gar nicht, konnte man sich dem besten Freund oder gar dem Lebenspartner anvertrauen. Ehemalige Stasi-Opfer bestätigen dies immer wieder. Und dennoch dauerte es Jahrzehnte, bis seit dem Volksaufstand im Jahre 1953 wieder Menschenmassen protestierend auf die Strassen gingen .

Während des Studiums der Geschichte der DDR, stellte sich für mich nicht die Frage warum dieses System schon 1989 zusammenbrach, sondern warum es so lange dauerte, bis sich die Bevölkerung ihrer im Kollektiv ungeheuren Macht bewusst wurde und handelte. Erst als die Voraussetzungen durch den Beginn des Abbaus der Grenzen zu Ungarn am 2. Mai 1989 geschaffen waren, kam es zu den großen Massendemonstrationen. Als die Massen in Bewegung gesetzt waren, hatte die SED längst an Autorität verloren und der inzwischen starken und selbstbewussten Bevölkerung nichts mehr entgegenzusetzen.

Abschließend möchte ich erwähnen, dass die Entwicklung zum Kollaps der SED-Diktatur keineswegs linear verlief, sondern, vor allem im November 1989, viele nicht geplante und nicht vorherzusehende Ereignisse eintraten und es deren glückliches Zusammenwirken zu verdanken ist, dass das Ergebnis eine friedliche Revolution war.

12. Literaturverzeichnis

Bundeszentrale für politische Bildung (BpB) (Hrsg.). (1991). Informationen zur politischen Bildung. *Geschichte der DDR*. Bd. 231, 2. Quartal 1991.

Judt, Matthias (Hrsg.). (1997). *DDR-Geschichte in Dokumenten; Beschlüsse, Berichte, interne Materialien und Alltagszeugnisse*. Berlin: Links.

Hertle, Hans-Hermann. (1996). *Der Fall der Mauer; Die unbeabsichtigte Selbstauflösung des SED-Staates*. Opladen: Westdeutscher Verlag.

Rein Gerhard (Hrsg.). (1989). *Die Opposition in der DDR*. Berlin: Wichern.

Weber, Hermann. (1999). *Die DDR 1945 – 1990*. München: Oldenbourg.

Weber, Hermann. (2000). *Die Geschichte der DDR*. München: Deutscher Taschenbuch Verlag.

Weidenfeld Werner / Karl Rudolf Korte (Hrsg.). (1999). *Handbuch zur deutschen Einheit 1949 - 1989 – 1999*. Bundeszentrale für politische Bildung. Schriftenreihe Bd. 363. Bonn: Campus.

Wolle, Stefan. (1998). *Die heile Welt der Diktatur; Alltag und Herrschaft in der DDR 1971–1989*. Berlin: Links.

Zur Mühlen, Patrick / von. (2000). *Aufbruch und Umbruch in der DDR*. Bonn: Dietz.